Alejandro M. Riquelme Royo

El Ciudadano
*Nuevo Político Chileno de la era digital
y fin de los Partidos Políticos.*

Colbún, Marzo 2010

Introducción

Más del noventa y cinco por ciento de los chilenos no está inscrito en algún partido político, sin embargo permite – en pleno siglo veintiuno y en el apogeo de la era digital – que las decisiones de Estado y sobre leyes que afectan o mejoran su diario vivir, las tomen aquellos designados y subordinados por los partidos políticos, que son "elegidos libremente" mediante una votación arcaica amparada por una ley de elecciones anacrónica y costosa.

Peor aún es constatar que la mayoría de los jóvenes del país no estén inscritos para votar ni les interese la política y que el "mercado electoral" de estos partidos políticos esta envejeciendo y achicándose en vez de crecer y renovarse, como sería lo normal en un país en donde más del 50% de la población es menor de 18 años. Algo inaudito.

Cabe preguntarse cómo es posible que esto ocurra en un país camino al desarrollo, autodenominado república democrática independiente y soberana.

La respuesta : Los Partidos Políticos:

En esta tesis narrada trataré de buscar y exponer una salida a esta típica dicotomía del habitante de chile, " gente tan granada, guerrera y valerosa, que no ha sido por rey jamás vencida ni a dominio extranjero sometida", excepto por su excelencia Los partidos políticos y el extranjero pensamiento renovado del marxismo y el socialismo.

Soy una persona que hace muchas cosas que la mayoría de mis connacionales no hace habitualmente o está impedido de hacerlo ya sea por su propia personalidad, status social, o entorno laboral o porque no quiere simplemente.

No uso reloj hace ocho años, tampoco corbata ni terno. Duermo más de 9 horas diarias, me levanto a la hora que deseo y me acuesto cuando me da la gana.

Camino una hora diaria en las mañanas y tomo mi desayuno en la terraza mirando un placido y hermoso lago rodeado de naturaleza nativa.

Ocupo el auto pocas veces a la semana. Ando en bicicleta a menudo varias decenas de kilómetros y si el día lo permite, salgo de excursión a los cerros cercanos por el día a contemplar la majestuosidad de la naturaleza y su poder de transformación y supervivencia..

También salgo en kayak a pasear por las tranquilas aguas de la ribera, monto a caballo o simplemente camino por el entorno coleccionando piedras milenarias.

Escribo cuentos y libros por hobbie. Maestreo la mayor parte del día, ayudo a mis vecinos con trabajo remunerado, consejos y acciones de buena voluntad..

Estoy pendiente de las necesidades de mi comunidad y cuando se puede, realizamos en conjunto mejoras y proyectos que nos benefician a todos.
Nunca más recurrí por ayuda donde un político debido a que la única vez que lo hice obtuve puras evasivas y dilaciones. Era el Senador de mi región.
Ni hablar del diputado, que es, considero, el más flojo y torpe de todos.

Lo mismo de la alcaldía, así es que en mi vecindad solucionamos los problemas entre todos.
Mis vecinos son mayoría gente trabajadora, honesta y simple.
Ganan menos del sueldo mínimo y su visón de la vida y de la sociedad es muy diferente a la del citadino común.

A los políticos no les creen y sin embargo están obligados a elegir por votación a un personaje "autoridad" cada tanto, aunque no tengan idea de quien es , que hace, que ha aportado a la comunidad ni como vive, ya que ni se le ven por estos lados.
Tampoco recuerdan sus nombres o apellidos. A uno de ellos, para las elecciones recién pasadas, le decían Freire, a otro Minami, a otro anterior Leguin y así las cosas, en el campo se vive otra realidad.

Aunque no lo crean vivo en Chile y como estoy acostumbrado a hacer cosas diferentes, me puse un día a analizar porqué las cosas no funcionan como debieran y llegué a la conclusión de que la culpa la tiene la política.

Es más, imaginé un sistema nuevo de elecciones para reemplazar el actual congreso y autoridades por medio de lo mas fácil y menos costoso que tenemos a mano; La tecnología.

Un día escudriñando en las estadísticas del Congreso me di cuenta que los parlamentarios – funcionarios públicos – con uno de los sueldos más altos del país, beneficios, prebendas, concesiones y facilitaciones que no tiene ni podrá tener la gran mayoría de los trabajadores chilenos, sacrificados, esforzados y pacientes, no estaban haciendo su pega.

Muchos de ellos no asisten a las sesiones, no llegan a la hora y permiten o se prestan para manidas triquiñuelas para pasar por encima de los estatutos y requerimientos del congreso. Faltar y ausentarse del "curso" tantas veces como sea necesario, igualito que en su época escolar. Como escolares agrandados incluso algunos de ellos han sido sorprendidos mirando "piluchas" en clases, tal como en su romántica época del colegio.

Otros – campeones de la cimarra de aquella época, que falsificaban la firma del apoderado para irse a fumar a los tugurios y jugar pool en medio de la mañana, siguen con las mismas malas costumbres de antaño y les firman a sus compañeros para que figuren como asistentes el día de la sesión que a ellos les conviene, no al trabajador común que voto por ellos, mientras ese insignificante pero poderoso e irresponsable funcionario público retoza en algún sauna con su querida al mediodía.

Este otro ciudadano, el que votó por el, ha salido a trabajar a las seis de la mañana apenas con una hallulla en el estómago y regresa a casa a las nueve y media de la noche rendido y hambriento con apenas unos cuantos pesos para seguir alimentando a su inquieta familia, mientras nuestro alabado funcionario público ha terminado su habitual siesta en algún moderno motel y se prepara para terminar el día en algún club de amigotes y al día siguiente lo mismo, mientras el pobre, sacrificado y honrado chileno de clase trabajadora repite su rutina hasta quedar en la inopia mas dramática esperando en vano que aquel funcionario público al que votó y en quien deposito su confianza le ayude o cumpla alguna de las cientos de promesas que hizo durante su campaña, sin embargo este funcionario de pacotilla le traiciona en cada uno de sus actos inmorales.

Para qué sirve un político de esta naturaleza cuando podríamos tener gente de valía, motivada, honesta, gallarda y valerosa en su reemplazo?

De nuevo la misma respuesta. Los partidos políticos.

Conglomerados de chilenos que sintiéndose solos y perdidos filosóficamente, en algún momento de su transición juvenil pensaron y decidieron que era mejor formar o meterse a un partido político para así surgir, progresar y ser reconocidos socialmente.

Distinto camino tomó nuestro valiente trabajador que prefirió ser independiente, tener razón propia y decidir libremente qué quería hacer con su vida y se lanzó a conquistar el mundo solo con su valentía y empeño, seguro que saldría adelante en base a su esfuerzo personal, formaría una bella familia y su pasar por Chile sería tranquilo y gratificante.

Nada mas lejos de la realidad.
Este pobre hombre ha visto por decenas de años que nada, nada cambia y solo surgen los apitutados, los poderosos, los corruptos y los políticos, a los cuales está obligado por ley a elegir desde una bandada de socios del Exclusivo Club de la Política, en donde él no tiene ingerencia ninguna y a veces se pregunta ¿Cómo podría cambiar esto? y no hay respuesta.

Trata de sacar alguna inspiración desde su barrio pero nadie tiene respuestas. En su parroquia, lo mismo. En su grupo pichanguero, menos. En la TV menos aún ya que reaparecen una y otra vez aquellos personajes que tanto detesta y le imponen el sistema, su sistema, el sistema político, siniestro y desconocido para él y su esforzada familia.

Algunos de estos trabajadores, en un arranque de ira y frustración juvenil tomaron el camino más riesgoso y se convirtieron en" héroes" sociales, haciendo pedazos bancos, tiendas y comercio a bombazos para pelear por la justicia del más desposeído.

Otros más avezados formaron nuevos grupos políticos inspirados en fervientes y furibundos panfletos y discursos revolucionarios y presionaron hasta el límite al sistema con tal de llevar a cabo su rebelión.

De aquello ya muchos años.

Ahora en la era global y digital nuestro coterráneo trabajador ya bajó sus brazos, tiró la toalla hace mucho tiempo y permite calladamente que el sistema fluya al ritmo de los escasos inscritos en los partidos.

Debo aclarar que no pertenezco ni simpatizo con ningún partido político o agrupación. Detesto las masas vociferantes y dogmáticas, prefiero al hombre libre y responsable solo de sus actos y decisiones, no apruebo los dictámenes de grupos o la manipulación de personas. No soy de izquierda ni de derecha y tampoco del centro ya que las ideas en torno a estos dogmas las considero inservibles. Una persona puede creer en dios, en la familia, en la educación de buena calidad, lo mismo para la salud y esperar para sus hijos y descendientes la mejor de las vidas y heredarles sus conocimientos y bienes y no necesariamente esa persona quiera ser encasillada en tal o cual sistema o ideología. Para mi las ideologías están obsoletas y en esta era de la información todo lo que huela a influencia dogmática está destinado a desaparecer. Hoy la gente del siglo veintiuno esta mirando el mundo con otros ojos. Esta preocupada de ambiente, del agua, de los alimentos, de la calidad de vida, de la justicia, de la seguridad, de sus familias y tiene plena conciencia en que el futuro se ve complejo a nivel global y no necesita ser embaucado por un grupete de anquilosados burócratas que están a punto de ahogarse en sus propias invenciones y mentiras; Que la izquierda es más humana que la derecha!, dicen algunos de ellos. Que la derecha es más pragmática, dicen otros, Que los del centro son más visionarios, por que no tienen la cabeza caliente, dicen los menos fanáticos y la cuestión es la misma, La izquierda no quiere perder su cuota de poder que ellos mismos se han arrogado y la derecha lo mismo y el centro igual. Todo un concierto de enfermos mentales que creen que por que piensan la gente los va a seguir. Es indignante, manipulan a los medios y salen en la TV defendiendo los derechos humanos!, como si el honesto trabajador que salió a las seis de la mañana a trabajar no pensara y sintiera lo mismo!. Todo el mundo esta pendiente de los derechos humanos hoy en di!, y de los derechos de los animales y de las plantas, y de los niños y de los viejos y de los gays y de las lesbianas y de los derechos del clima, y de los ciegos y de las lisiados y de los trabajadores y de los no trabajadores y de todo lo que se nos ocurra informarnos por que hoy vivimos en la era DIGITAL GLOBAL.

Una vez hice especie de una encuesta entre los niños de mi comunidad sobre quienes eran los políticos, qué hacían y qué pensaban de ellos.

Sus respuestas todavía las tengo grabadas:
 "Son unos señores que puro hablan en una sala grande" opinó Cornelio de 7 años. "Parece que trabajan pál Presidente" dijo medio avergonzado Mauricio de 8.
 "Aquí vienen a ofrecernos empanadas y siempre dan la mano" comentó Aurelio entre risas contenidas.

Esta es la más me gusta y recuerdo con solapada y deliciosa malicia: "Son unos gallos que salen en la tele y hablan rápido" me dijo una vez un chico de 6 años aquella tarde bajo el peumo donde estábamos sentados los niños de la escuela rural y yo.

Algunos jugaban al trompo, otros topeaban entre ellos y otros conversaban conmigo sobre esta casta de incomprendidos hombres públicos. Una niñita me dijo que eran " los que nos traen cosas para las votaciones"..

Claro si después no aparecen más por su vecindad.

Una vez estábamos haciendo un catastro entre los vecinos para dimensionar cuantos necesitaban agua potable. Se inscribieron mas de trescientas familias. Lamentablemente un judas de la comunidad fue con el cuento al senador socialista de la Provincia y cual caudillo pródigo – desaparecido de la vecindad por siete años – regresó una mañana soberbio y belicoso y reunió a los asustados lugareños en la escuela del lugar, increpándoles de que no era menester agruparse y reunirse para organizar el agua comunitaria por que él era el "único" que podía conseguirla.

Esto lo había dicho siete años atrás en su campaña y los lugareños no le creyeron. Menos ahora, así es que escucharon calladamente, salieron de la reunión con sus sombreros y chupallas entre las dos manos sin decir palabra y sacamos el proyecto del agua potable rural adelante , todos juntos, –meses después –.

Afortunadamente sin la ayuda de este singular patán de la provincia de Linares.

Venerables poco venerables

Haciendo un recuento de las estadísticas del congreso, me di cuenta que hay algunos venerables que sencillamente no hicieron nada.

No fueron a la pega, no presentaron, leyes o ideas nuevas, ni siquiera fueron a su distrito a ver que estaba pasando con sus electores.

Para estos sujetos, empleados por el estado para trabajar para el pueblo, sólo importó su bienestar, sus objetivos e intereses, total tienen inamovilidad funcionaria y el estado sabe que una vez que estos reyezuelos de mala estirpe se instalan en el congreso, sale muy caro y engorroso hacerlos a un lado y hace la vista gorda, el único castigo es el voto a menos que exista una acusación constitucional o fallecimiento de por medio.

Otro que es digno de un monumento presentó tantas leyes malas e inaplicables que aburrió a sus camaradas hasta la exasperación y no le aprobaron ni una sola.

Otros se dedicaron durante su estadía placentera y cómoda a utilizar todas las ventajas del estado; autos, secretarias, papelería, fondos a rendir, buena casa, comida y vestimenta, a solo aparecer en la cajita idiota para enaltecer su ego e "imagen" pública y si uno rasca un poquito con la uña en su trayectoria funcionaria se dará cuenta que el estado, o sea – el resto de los chilenos – hizo un pésimo negocio con este tipo.

Es tanto el abuso que hace un parlamentario de la potestad de los electores que muchos se dan el gusto de no concurrir a los escaños y lo que es peor, cuando lo hacen, la más de las veces duermen.

Es para llenarlos de alquitrán y plumas y exponerlos en la plaza del pueblo, como lo hacían antaño los franceses con sus autoridades inútiles.

Los casos de escándalos privados y públicos de estos personajes, llenan páginas y páginas de tabloides que se frotan las manos cada vez que acceden a informaciones de este tipo. El caso más bullado el de aquel diputado que murió de un infarto en el "acto" montado encima de su querida.
Vergonzoso.
A los pocos días la señora de este heroico hombre público quería que le dieran el puesto a ella..(¿) ¡Habrase visto tamaña frescura!

Esta señora ignorante se sintió con derecho a seguir percibiendo el millonario sueldo de su marido por el hecho de ser su esposa! Creería ella que chile es un país de idiotas! (quizá lo pensó en serio)

Otro que es para tratamiento mental, el de un connotado Senador que se repitió el plato dos veces (16 años) un día lo entrevistaron en la tele para preguntarle si tenía contratado a parientes con platas del estado y éste suelto de cuerpo, le respondió a la periodista que no. Luego ésta le pregunta si tiene bajo su contrato a fulana de tal y el venerable senador responde que no conoce a esa persona.
Todo esto en vivo y en directo..

El periodista carraspea un poco y le dice que esa persona es su señora!
El senador en ese momento se pone blanco y da la impresión de que se va a desmayar pero luego de unos segundos se recupera y sin inmutarse niega esa afirmación! Niega a su propia esposa ante millones de espectadores!

Que personaje público!, un ejemplo para la sociedad.

Así y todo los partidos políticos siguen definiendo el destino del pueblo, designado ellos a sus representantes en el congreso, ratificados luego mediante votación "popular" y de nuevo caemos en la trampa.

Hay que renovar a las autoridades y estamos obligados a destinar un día de nuestras vidas a asistir a uno de los sistemas más arcaicos de votación; una fila eterna, un lápiz de grafito en la mano, una papeleta con los nombres de los designados por los partidos y una urna para colocar el voto.

Hoy día, en que la globalización y la era digital están instaladas en el mundo entero, un país libre y soberano como el nuestro; culto y valiente, gallardo y valeroso es sometido por menos del 1% de la población a elegir sus autoridades mediante designio del poder supremo de los partidos y la ley electoral.

Ha llegado el momento de decir basta!. No podemos seguir así. Un país en vías de desarrollo como queremos todos los chilenos, no puede sustentar su progreso en actividades obsoletas y perniciosas.

Me pregunto y me imagino cómo sería el caso, si un día sacáramos a todos los congresistas de sus honorables sillones, los pusiéramos patitas en la calle y los reemplazáramos por gente honesta, trabajadora, de todos los ámbitos de la sociedad: Médicos, abogados, arquitectos, veterinarios, secretarias, dueñas de casa, estudiantes, originarios, trabajadores, músicos, artistas, bomberos, enfermeros, artesanos, pescadores, comerciantes etc., etc.

Probablemente algún político diría que es imposible ya que *"para hacer política se necesita experiencia y apoyo ciudadano",* yo le diría que tiene toda la razón en un sistema cómo el actual, pero en un sistema nuevo, donde se elija por méritos y no por acuerdos me parece inaplicable esa manera de pensar el progreso.

Si todos tuviéramos la oportunidad libre y soberana, sin presiones de ningún tipo, proponer un proyecto o una tarea para nuestra comunidad y ser elegidos por ello, seríamos un país desarrollado, tolerante y democrático a toda prueba.

El sistema que propongo para revisar, evaluar, discutir y poner en práctica algún dichoso día es de lo más simple;

Se basa en el hecho de que hay personas muy decentes, sencillas, trabajadoras y preparadas, que tienen especialidades, cursos, know how y experiencias en la vida, incluso en distintos países, las cuales se encuentran impedidas y coartadas de aportar al estado de chile porque las leyes se los impide lisa y llanamente porque no pertenecen o simpatizan con algún determinado partido político.

Ridículo, que axioma más lejano de la realidad actual.

Me atrevería a asegurar que si remplazamos a todos los congresistas por gente común y corriente – que cumpla con requisitos básicos, como educación, mayoría de edad, honorabilidad, conducta intachable, idealmente profesional – y que proponga un proyecto consistente, gravitante y financiable para su comunidad, sería más provechoso durante su periodo que un seudo honorable de los que tenemos hoy instalados por veinte años.

Cómo se hace esto?

Simplemente dejando que postulen al congreso de la republica a quien lo desee. Así de simple.

Donde está la idea que hace la diferencia?
En que las personas que postulen al congreso deben presentar una propuesta o proyecto el que deberá ser sometido a votación, sin que se sepa el nombre del autor.

Fácil y sencillo.
Vía electrónica se inscriben todos quienes deseen postular al parlamento y cámara alta – en un sitio Web oficial del gobierno de chile – con un proyecto para su distrito o circunscripción (de acuerdo a los requisitos de presentación y formatos exigidos en la Web) y esta idea o proyecto que presenta el candidato desconocido, es votado posteriormente – una vez cerradas las inscripciones a candidatos – electrónicamente en una primaria virtual en forma electrónica durante un periodo determinado (3 meses) en donde participa cualquier persona chilena mayor de 18 años, inscrito o nó en el antiguo registro electoral.

Solo es necesario su RUT y una clave secreta, conocida sólo por él.
.

Esta idea de la votación electrónica es muy factible de aplicar ya que están los medios técnicos y tecnológicos disponibles y funcionando (SII, Registro Civil, Instituciones Financieras, Fonasa, Ministerios, etc.)

A esta primaria virtual electrónica acceden todos los mayores de 18 años , mediante su Rut y clave digital y elige durante el periodo de selección de Proyectos ofrecidos por los postulantes al congreso, una propuesta para su vecindario o comuna que considere la más provechosa y eficiente..

En el recuento final se conocen las tres mejores propuestas elegidas por mayoría por ende los pre calificados de cada distrito o circunscripción.

Una vez que la primaria virtual se termina, se promueven las tres mejores propuestas digitalmente y se realiza una gran votación electrónica final en donde todos los Rut inscritos en el distrito o circunscripción, que participaron en la primaria, seleccionan la mejor propuesta, como si eligieran al candidato tradicional

De esta forma se puede obtener mediante votación popular electrónica participativa a los mejores candidatos en cada cargo; Alcaldes Parlamentarios, Senadores, sin que prime la presión del partido, la compra de votos, la manipulación de los medios, los gastos en campañas y las promesas mentirosas de siempre.

Cómo aquí lo que importa es el proyecto y la solución que el candidato ofrece a su comunidad, nos aseguramos que los candidatos a autoridades estén preparados previamente para llevar a cabo su propuesta.

Ésta obviamente debe tener un formato, evaluación de proyecto, factibilidad de ejecución y financiamiento de tal manera que nuestro nuevo "congresista" se ponga a trabajar en su proyecto el primer día que asuma y no se dedique a dormir siesta como lo hacen los aburridos parlamentarios que asisten a las sesiones de hoy en día.

Este revolucionario sistema asegura que participe la gran mayoría de los chilenos vía Rut y clave, con lo que la masa de votantes se renueva y crece y las autoridades elegidas ya no necesariamente correspondería a los protegidos y apitutados de los partidos políticos como sucede hoy.

Se podría dar el caso de que en una circunscripción salga elegido un técnico con un excelente propuesta, y casualmente dos representantes del partido A, o también el caso de tres diferentes independientes con distintas corrientes de opinión y buenos proyectos, o podría suceder que una determinada comunidad elija tres excelentes propuestas y todas sean de partidos diferentes y de ningún particular o al revés, lo que hace más sana la discusión de ideas, proyectos y leyes.

De esta manera se asegura que el real poder político recaiga en la ciudadanía y que los partidos políticos – por breve tiempo – sean uno más.

COMO VERÍA EL ACTUAL SISTEMA POLITICO ESTE NUEVO SISTEMA DE ELECCIONES.

Por supuesto que esta idea nueva no les agradará para nada ya que les quita el sustento y el poder discriminatorio que tienen hoy.

No podrían sobrevivir con este nuevo sistema ya que esta basado en la amplia participación ciudadana y es el ciudadano el que ocupa el lugar de poder de los partidos.

Algunos dirán que los partidos son necesarios e imprescindibles para la fluidez de las inquietudes sociales y el equilibrio de la hegemonía de los poderes.

Pamplinas!
Los partidos políticos chilenos pueden desaparecer mañana mismo y no pasaría absolutamente nada!.

¿Que país necesita que menos del 1 % imponga sus ideologías al 99% restante y gobierne y maneje los destinos de una nación?

NINGUNO

Que país necesita que un pequeño conglomerado tire y estire la cuerda de las negociaciones políticas para que un pequeño grupo salga favorecido?

NINGUNO

¡MENOS CON PLATAS DEL ESTADO Y MENOS EN LA ERA DIGITAL!

Si me dijeran que un PEQUEÑO número de personas se pone de acuerdo para definir cual es el mejor sistema para gobernar y determinar el destino de 17 millones de personas tampoco lo aceptaría.

Sin embargo si me aseguro que millones y millones de personas diferentes, con estilos distintos, con inteligencias estimuladas y motivados a sacar adelante su mejor proyecto de mejoramiento para su comunidad, Sí lo apruebo!, más aún si estos nuevos congresistas han sido seleccionados en base a sus meritos y proyectos y votados por millones de personas durante un proceso de análisis de sus propuestas.

Por lo tanto este sistema garantiza que el gran político, el nuevo partido político y la nueva política sea el CIUDADANO Y SU LIBRE ALBEDRÍO

Para entender lo que estoy planteando imagine que conoce por azar a un joven ingeniero eléctrico, que entre sus sueños quiere aportar a la sociedad con algo.

En su mente viene rumiando hace tiempo la idea de construir pequeñas centrales eléctricas para comunidades rurales.
Son simples, de bajo costo, (desde US$ 1.500) fáciles de implementar y poner en funcionamiento y las hay desde 1 KW hasta 1 MW.

Se han utilizado en países de América Central y dan excelente resultado para pequeñas comunidades y empresas locales. Este joven universitario, sano, emprendedor y soñador actualmente no tiene cómo canalizar esta novedosa idea a favor de la comunidad sin pasar por una eterna burocracia, papeleo, falta de financiamiento, trámites, codicia, envidias, y chaqueteos continuos.

Sería una perdida notable de tiempo concurrir a su municipalidad a plantear el proyecto ya que en ella no tiene una contraparte capacitada para entenderle.

Tampoco conseguiría nada hablando con su diputado o senador distrital.
Lo más probable es que uno de ellos tome su idea como propia y hasta podría hacer de ella un negocio particular.

Cómo podría este joven soñador hacer realidad su sueño?

Inscribiéndose cómo candidato al nuevo Congreso vía las primarias electrónicas que les he explicado antes.

Imaginemos que este soñador chileno tiene la más alta preferencia en número de votos virtuales y queda seleccionado automáticamente para participar en la final de las elecciones junto a otros dos seleccionados de igual forma, para competir por el cupo de su circunscripción.

Durante tres meses la ciudadanía de su comuna y provincia tienen la posibilidad de leer su proyecto en Internet, en la pagina oficial del estado de Chile: www.eleccionesparlamentariaschilenas.cl, en donde todas las propuestas seleccionadas por distrito están disponibles en la red para ser evaluadas y estudiadas por todos los chilenos.

He aquí algunas primeras dudas y respingos a este novedoso sistema:
¿Que pasa si se repite un proyecto?
 Es casi imposible que suceda pero si llegase a ocurrir prima el que se postuló primero. Zanjado el tema.

¿Qué pasa si un político de algún partido presenta un proyecto "Mula", estilo copy paste, como están acostumbrados a hacerlo?

No pasa nada por que el formato de presentación le rechazaría la propuesta al primer esbozo de engaño, eso se los aseguro, si no creen, traten de presentar vía Internet alguna declaración de IVA falsa...

¿Que pasa si...

Todos los ¿ que pasa si, ya están resueltos. En la era electrónica es fácil descubrir a los inmorales.

Vamos con nuestro joven postulante al nuevo congreso de la era digital:
Hay que recordar que este joven Ingeniero chileno postuló en su casa vía Internet con sus datos absolutamente secretos y sólo conocidos por él.

Además para poder subir su proyecto a la página Oficial del Estado de Chile debió primero cumplir con todos los requisitos para los postulantes a diputados o senadores:

Ser chileno, mayor de 18 años, cuarto medio rendido, situación Militar al día, DICOM Plus sin anotaciones e irreprochable conducta anterior, cosa que actualmente no se exige.

Además debió haber aprobado en un 85% una prueba de conocimientos – no presencial – sobre la Constitución Política del Estado.

Cumplido todo ello, este futuro parlamentario de la nación debe cumplir rigurosamente con el Protocolo de presentación y formato del proyecto en todas sus etapas.

Esto implica que al iniciarse las primarias digitales para elegir los 3 mejores proyectos de cada distrito, el pueblo de chile puede estar seguro de que está postulando gente idónea y proyectos realizables.

Otro aspecto que no hay que perder de vista es que la postulación del proyecto no tiene nombre ni apellido para el ciudadano que vota en las primarias ni en la final, solo un código que enlaza al postulante con su proyecto.

De esta forma aseguramos que los candidatos o su imagen no afecten o manipulen la opción del votante.

Hasta aquí el nuevo sistema parece funcionar bien, sin embargo como toda idea nueva que no se ha aplicado nunca debe ser rigurosamente evaluada paso a paso.

Lo primero que hice fue indagar mediante una encuesta en Internet, qué nivel de conexión y valoración tiene el votante chileno hoy día, respecto del actual sistema de votación y los candidatos participantes.

Fue desatrozo.

Más del 70% de los encuestados consideraba el sistema de urna y papeleta anticuado, obsoleto y engorroso, aparte de oneroso para el Estado.
Cuando se les preguntaba si deseaban tener un sistema más moderno y eficiente, más del 85% estuvo de acuerdo y cuando se les propuso la idea de votar electrónicamente casi un 90% estuvo de acuerdo.

Lo lamentable es el resultado de valoración de los Políticos y sus partidos.

Deplorable.

A ojos de la gente común y corriente los partidos son verdaderas mafias que no les representan y los políticos, un ser lejano, poco transparente, poco confiable, que habla y promete cosas que ellos saben que no van a cumplir y sólo buscan votos.

Imaginemos por un momento que tenemos que ponernos de acuerdo si Privatizar o no una gran empresa del Estado. En un escenario como el actual sería una encarnizada lucha de poderes, ambiciones bajas, rencillas de pandillas y tendríamos una mala solución o una solución a medias.

Porqué?

Sencillamente porque los actuales congresistas no pueden despojarse de sus prejuicios e ideologías, de su gran ambición de poder y no se haría un diagnóstico serio ni una decisión pensada fría y serenamente.

Imaginemos también que no existen los partidos y los políticos y tenemos como nación que tomar rápidamente esa gran decisión por que el tiempo apremia y los recursos escasean y además esta gran empresa del Estado ha sido mal administrada y deja perdidas millonarias.

Que se hace en una situación así?

Me parece lo mas cuerdo y lógico preguntarle directamente a los dueños de la empresa si la quieren vender o nó, si están dispuestos a asumir las perdidas y si están de acuerdo con el precio de venta.

Es lo que hace cualquier directorio de empresa normal.

Entonces el gobierno de turno pide a todos los chilenos que mediante votación electrónica se pronuncien sobre el tema y al día siguiente se tiene la respuesta sin el mas mínimo atisbo de arreglín o comisiones de por medio en que se incurre en un sistema como el actual.

Una vez que nuestro joven futuro parlamentario puso su proyecto en la Web, la gente conoció las ventajas y beneficios de sus mini centrales de energía eléctrica para zonas rurales y se transformó en la más votada de su distrito.

Esta alta votación le permitirá a optar después – si cumple dos períodos consecutivos de diputado de su misma circunscripción– a presentarse como postulante al Senado.

Aquí la cosa se pone un poco más complicada pero si la simplificamos al máximo no dista de ser similar a la elección electrónica de diputados;

Solo requiere dos acepciones relevantes:

La primera, haber obtenido en la PRIMERA postulación de su proyecto en la final de primarias, la mayoría de los votos.

La segunda es tener dos periodos cumplidos como diputado seguidamente y automáticamente pasa a ser parte del selecto número de quince verdaderamente honorables Senadores.

Si, sólo quince, no se necesita más ya que los partidos políticos se habrían, a estas alturas, extinguido poco a poco y ya no es necesario pensar en equilibrios, acuerdos, negociaciones entre derecha e izquierda, entre centros y extremos, como estamos acostumbrados hoy en día.

Solo quince personas con años de experiencia en legislar en forma autónoma, libre de ataduras, prejuicios y mañosas prácticas, que han sacado provecho a su cargo realizando cosas reales y tangibles por la población. Cosas tangibles de gran beneficio para su comunidad. Eso en el futuro cercano

Cuándo este soñador joven chileno llega al Senado representando a su región tendrá que ponerse de acuerdo sólo con otros 14 capacitados y honestos senadores, todos coordinados y dirigidos por un Presidente propio, sobre los temas de fondo que al país le interesen o afecten.

LOS BENEFICIOS DE LA NO EXISTENCIA DE PARTIDOS POLÍTICOS

Actualmente usted y noventa y nueve conocidos o amigos, parientes, vecinos y cercanos, pueden ir a una notaría y firmar una escritura pública en donde se determina la creación de un partido político.

Estará hablando en serio este señor?, se preguntará usted asombrado. ¡Si!

¡Solo cien ciudadanos que se ponen de acuerdo pueden crear un partido político sin más que firmar y pagar el equivalente a cien dólares en una notaría!

En buen chileno esto significa que un club de futbol de barrio, por dar un ejemplo, puede perfectamente convertirse en un partido político y podría tener millones de votos, Se imagina usted al Colo Colo convertido en Partido Político además de club de futbol?

Imagine el tipo de parlamentario que podría salir de allí si algunos y muchos de ellos con suerte terminaron el Colegio!.

Hay una anécdota digna de un Record Guinness.

A uno de estos famosos patas benditas un periodista le preguntó algo y este campeón de las pelotas respondió –" si pero no estoy de acuerdo con lo que pienso"–

! Un verdadero festín para el people meter!

Que manera de darle a ese pobre tipo en las noticias durante meses!, hasta el día de hoy, años después.

A otro de estos iluminados angelitos adorado por ciento de miles de posibles votos, otro periodista le preguntó cómo "estaba la pierna" después de un esguince o fractura en el campo de batalla y este ignorante respondió como si nada; –" esta bien, la tengo en la casa cocinando"–

! Ja! Un chiste el pobre diablo.

Imaginen si el club de caza y pesca de Pelotillehue decidiera presentarse como partido Político, solo el nombre que me imagino tendría me ha causado un delirante dolor de mandíbulas durante un rato interminable de tanto reírme solo.

O imaginen al club de rayuela de Yerbas Buenas…sería genial no me cabe duda y así podríamos llegar al infinito. Solo bastan cien amigotes y listo!, tenemos partido político nuevo.

Peligroso lo encuentro por decir lo menos.

Esto es una noticia tremenda digna de ser expuesta en CNN!

Como no va a estar mal este sistema si ya ha comenzado mal!

Esto significa, supongamos, que un grupo de amigos de la "chupeta" en un arranque de sensibilidad, después de una larga noche de interminables copas, de vino en caja deciden formar un partido político. Al principio la cosa sale medio en broma, después aparece el que se las da de líder e insiste en que es una buena idea, "Hay que cambiar el sistema" proclama en medio del circulo de amigos, tambaleándose con la copa en la mano, la camisa desabrochada y la tremenda guata parrillera colgando.

Pueden hacerlo sin más ni más, solo firmar, pagar cincuenta "Lucas" y listo.

Formado el partido Político " Los Guatones Parrilleros".

Claro que aquí la ley es bien estricta, le exige a la directiva del partido, que a estas alturas ha decidido acortar el nombre por encontrarlo difícil y largo por " el partido de Los Guatas" , que antes de cien días debe inscribir a sus afiliados de acuerdo a lo estipulado en la ley.

Como los cien "Guatas", primeros fundadores ya se han olvidado del "partido" de lo romántico del tema, ya no se han preocupado de captar adherentes y el tiempo se les viene encima por lo que cabe la posibilidad de que otro proyecto de una noche de juerga, como tantos y tantos que somos capaces de realizar los chilenos medios curados, aborte a medio camino, típico nuestro, todo a medias.

Si no consiguen el número de afiliados en el tiempo que les queda el partido "Los Guata" no podrá inscribirse en el conservador y tendrá que diluirse.

Pero para estos casos dramáticos el legislador ha pensado en todo y le lanza un cable al nuevo partido:

Para no complicarle las cosas a estos hombres de buena inspiración social, la ley les ofrece formarse con el mínimo de afiliados posibles.

Si! Alguien pensó en todo y estableció la posibilidad que cualquiera pueda formar un partido político con cien amigos, cincuenta lucas y ¡un mínimo! de afiliados!!

Este mínimo es además ridículo!.

La directiva de "los Guatas" puede decidir en qué región atrapar a sus militantes fundadores, solo tiene que optar por tres que colinden geográficamente y listo, ahora si quiere complicarse las cosas, puede optar por capturar afiliados en ocho regiones distintas.

En la primera opción "Los Guata" pueden juntar en las tres regiones, escuche bien, a solo dos mil setecientos afiliados! No es increíble!

Usted que está leyendo esto y no lo puede creer, le digo Si!, puede creerlo, vaya a Servel.cl y encontrará toda la información.

Me parece una irrealidad, una realidad inventada al estilo Márquez.

Cien amigos.

Ponen un dólar cada uno, a sea una moneda de quinientos pesos y tiene un partido político, mientras él y los otros noventa y nueve fundadores consigan o convenzan a veintisiete amigos, parientes o vecinos y conocidos cada uno y el partido político puede inscribirse en el Conservador y en el registro legal de partidos políticos.

De ahí en adelante puede empezar a influenciar en la mente del ciudadano común para conseguir votos y tratar de colocar a alguno de sus correligionarios – especialmente a alguno de la directiva – en algún buen puesto público.

Que le parece?

Mediocre, nefasto, increíble, antinatural, anti democrático, anti todo.

No puede ser que en vez de buscar excelencia, prolijidad, contundencia en razones, opiniones, directrices, visiones, sueños y esperanzas en grandes grupos de gente de excelencia, preparada, honesta, segura, trabajadora, ética, y todo lo que uno quisiera que fueran sus autoridades, la ley permita la mediocridad!

Vamos en la dirección equivocada, estoy seguro.

No quiero ni imaginar si algún día se le ocurre formar un partido político a uno de los capos de la droga.

A partir del año 1989, se crearon en chile o se reactivaron nuevamente treinta y dos partidos políticos de los cuales hasta el año 2008, casi veinte años después, sólo quedan quince, de los cuales varios están en estado terminal y otros moribundos.

Cabe preguntarse:
¿Tendremos que esperar otros diez años para que queden siete partidos políticos en el escenario y otros diez años para tener a solo tres sobrevivientes?

Representarían realmente a la sociedad chilena y sus demandas, tres partidos moribundos con un puñado de afiliados desgastados, viejos y prejuiciosos para con el avance y desarrollo mundial?

Al menos yo no quiero eso ni para mi, ni para mis hijos, menos para mis nietos, por lo que estoy convencido de que el cambio hay que hacerlo Ya!,

Ahora,

Hoy!.

No cuesta nada;

Se hace el software apropiado, cosa que no es difícil ya que el sistema bancario tiene funcionando casi los mismos veinte años de funcionamiento de los partidos políticos post 89, sistemas más complejos que un sistema de votación electrónica, mediante RUT y clave secreta.

Se promueve su uso en todo el país.

La gente se inscribe para votar,

Luego de un período razonable para chequear que todo funcione correctamente se inicia el proceso de postulación a Diputados en primera Instancia.

Recordemos que para llegar al Senado se requiere – en este nuevo sistema – el haber obtenido la mayoría de votos del Proyecto en la primaria y dos períodos consecutivos como diputado en el mismo distrito.

O sea tendríamos Senadores "Digitales"– si el nuevo sistema se pusiera en práctica a partir de hoy— en cuatro años más, ya que con este sencillo sistema de votación y la mayor eficiencia de los nuevos congresales, no es necesario tener diputados por mas de dos años.

Piensen ustedes en la cantidad de proyectos que se iniciarían el primer año de marcha del nuevo sistema.

Miles!

Debido a que en el primer año de estreno del nuevo sistema de votación y elección electrónica, también se podría elegir– si la ciudadanía entiende y maneja el sistema correctamente– a los Alcaldes y Concejales, los que con su proyecto bajo el brazo le ofrece a su vecindad una solución concreta y útil.

Otro de los beneficios de este novedoso sistema es que el votante vota a ciegas, no conoce al candidato, sólo un proyecto y puede ser el candidato hombre o mujer, joven o no tan joven, militante de un partido o independiente, no tiene ninguna importancia porque no sabe, ni conoce quien está detrás de la idea, solo evalúa si el proyecto le calza con las necesidades de su barrio, comuna o provincia y lo acepta, eligiendo solo UNO.

Un RUT,

Un proyecto,

Un candidato.

También puede elegido por mayoría ser el proyecto de una enfermera que desea trabajar con niños terminales de Cáncer y cree que si consigue los fondos necesarios puede crear un centro de tratamiento y alivio para esos niños.

El votante no sabe que detrás de esa noble intención hay una enfermera universitaria que aunque no pertenezca a ningún partido político, va a sacar adelante su proyecto en sus dos años de ejercicio con más eficiencia que el actual diputado de ése distrito, que se traslada con chofer en auto de lujo, y nunca en su triste vida a sacado un proyecto útil y real para sus votantes, sólo se ha dedicado a profitar de los beneficios del Estado, a dormir en las reuniones, a pasar las tardes en su club o motel favorito y discutir una que otra vez algún proyecto de ley inútil, como las ha habido por miles en estos años de democracia.

Solo treinta Diputados escogidos por votación electrónica verdaderamente popular, amplia, transparente y sin presiones de ningún tipo bastan para representar a cada distrito y circunscripción del país. Dos por Región es suficiente.

Ahorro en cantidad para el estado.

Con el nuevo sistema, sólo quince Senadores y su presidente bastan para revisar y aprobar o rechazar los proyectos de ley del ejecutivo y legislativo.

Imaginen el ahorro de dinero.

No más campañas políticas mentirosas.

No mas abuso de autoridades y funcionarios públicos que trabajan para el gobierno de turno presionando y haciendo uso de recursos fiscales que tanto necesitan otros, apoyando a sus parientes de partidos, amigos, conocidos y parientes.

No más franja electoral en los medios, no mas escuelas y colegios utilizados para recibir votantes, no mas apoderados de mesas, no mas filas de gente hastiada de ir a votar por el sinvergüenza que quiere repetirse el plato, no mas gastos en libros, lápices, papeletas, cajas, bodegas, administradores y funcionarios públicos que trabajan sólo para las elecciones.

No más uso de autos fiscales, no más banquetes y regalos de cortesía, no más carteles y pandilleros en las calles haciendo pedazos todo lo del contrincante, no más exacerbación de los ánimos, no más dos tipos de chilenos; los de izquierda y los de derecha, los buenos y los malos, no mas debate!

Por favor!

No mas Política!!

Es una barbaridad de ahorro para todos nosotros.

Si pensamos en el presupuesto del congreso y lo que este produce o sea nada concreto, sólo leyes. Estamos despilfarrando mucho dinero.

Han de saber ustedes que desde el año 1989 a la fecha se han presentado a elecciones de alcaldes, diputados y senadores la escuálida cifra de 24.757 chilenos. Hombres y Mujeres.

Esto equivale a menos del 0.2 % de la población.

De estos postulantes a autoridades del Estado, elegidos o nó la gran mayoría es o fue militante de alguno de los treinta y dos partidos políticos de la era ochentera y es o fue militante de los actuales quince partidos que quedan en pie.

Esto no tiene sentido alguno, veinte años derrochando dinero a manos llenas para que sólo veinticuatro mil personas postulen a un cargo de representación popular y algunos cientos tengan la posibilidad de llegar con su voz al congreso para "representar" al pueblo que lo eligió.

Y que hizo esta autoridad durante su período?

Nada concreto, solo discutir leyes, hablar hasta por los codos y mentirle una y otra vez a los que depositaron su confianza en él.

Saben ustedes cuantas leyes reposan en el congreso durmiendo el sueño eterno? Miles!,

Como es posible que paguemos millones y millones de dólares para que un ciento de incapaces haga leyes para guardar?

¡Es increíble!

Por que no los guardamos a ellos para siempre mejor!

Como son nuestros nuevos Diputados y Senadores Digitales

Gente común y corriente, muchos profesionales.
No olvidemos que uno de los requisito es tener cuarto año de educación media rendido.
Gente interesada en hacer el bien a los demás.
Gente que ha sido escogida y seleccionada por sus meritos.
Gente que se va a instalar en sus oficinas del congreso a trabajar, no a empezar a menoscabar al contrario y organizar pandillas.
Porque ya no tiene sentido.

Seguramente se va a asesorar en cómo obtener financiamiento para echar a andar su proyecto lo antes posible ya que ahora el reloj cuenta para atrás.

Sólo dos años tiene para poner en práctica su única promesa.

Su proyecto

También se interesará, lo más probable, en los proyectos de los otros compañeros de sala y como no pertenecen a partido alguno, no tendrá problemas en trabajar juntos y ayudarse.

Seguramente habrán algunos nuevos diputados que fueron elegidos porque su proyecto interesó a la ciudadanía pero pertenecen todavía a un partido político.

No importa, no tiene piso ni aliados, ni menos sentido para que no se preocupe de otra cosa que sacar su proyecto adelante.

Luego este nuevo Diputado podrá estudiar y tendrá el tiempo suficiente para proponer cambios, nuevas leyes y todo se hará más rápido.

Gente no política acostumbrada a hablar poco y producir harto por lo que es seguro que las sesiones legislativas serán muy breves y productivas, así nadie dormirá siesta o le pedirá al compañero que le firme el libro de asistencia para irse con su amante al motel favorito, ya que esos minutos de placer le quitarán tiempo a la ejecución de su proyecto y si no lo reeligen nuevamente, suponiendo que obtuvo la mayoría de votos en las finales de primarias, no podrá se honorable Senador de la República.

Cual será la reacción de los partidos políticos y sus militantes ante un proyecto de esta naturaleza.

Creo que su primera reacción será de desconcierto, ya que hasta hoy nadie ha cuestionado públicamente su organización ni su existencia.
Solo la gran mayoría de la gente común y corriente que piensan y saben que no sirven para nada, pero no pueden expresar o darle al país una solución alternativa, porque la ley así lo impone. Hasta ahora.

Luego, creo que vendrá un período de ira incontenible cuando se den cuenta de que sus vidas estilo Emperador Romano está por extinguirse.

Hablarán por los medios, darán charlas, presionaran al gobierno de turno, trataran de boicotear cualquier atisbo de análisis en colegios, universidades, plazas y pueblos.

Enviarán matones a amedrentar a los que se suman a esta nueva idea y finalmente cuando nadie los pesque y se den cuenta definitivamente de que el nuevo orden y poder político lo tiene el ciudadano y que uno de ellos, que hace tiempo hacia cosas que otros no hacen, propuso una solución innovadora, básica, simple, fácil de acceder, entender y aplicar para desterrarlos para siempre de esta noble tierra y liberar sus alas para que al fin sea justa con todos sus hijos y alcance el desarrollo, ellos ya no existirán.

Sólo el poder ciudadano directo, nítido, claro y efectivo, expresado libremente en la red electrónica y la era digital, produjo el cambio social más importante en la historia de chile.

Estaremos durmiendo los chilenos que no nos damos cuenta de lo arriesgado que es no tomar conciencia de hacia donde nos lleva esta mañosa política y sus actores?

Cómo es posible que no nos demos cuenta que de seguir así en pocos años no habrá padrón electoral disponible y habrá una involución en el sistema y será demasiado tarde.

Lo que viene después: Anarquía total.

Luego posiblemente una guerra civil.

Ha pasado anteriormente.

Tampoco a los jóvenes les seduce la idea de participar en política hoy en día y en veinte años más ellos van a ser más del setenta por ciento de la población (la palabra *jóvenes* en este siglo no significa lo mismo que en el siglo pasado. Hoy en día una persona joven puede tener cuarenta o más años ya que su salud mental y física es significativamente superior y su expectativa de vida para esos años futuros superará los ochenta y siete años)

Acaso alguien nos dopó y no nos dimos cuenta de lo que ha pasado?

Cree usted amigo lector que esto que estoy dando a conocer es importante discutirlo o es mejor dejar las cosas como están?

Imagine usted que en un futuro no muy lejano, una hecatombe azota nuestro país, tal y como ha sido afectado por estos días por el mayor terremoto de la historia humana en energía y daños en un territorio especifico, y quedamos otra vez paralizados, sin luz por días y semanas, sin agua potable por meses, sin carreteras, sin comunicaciones, sin hospitales, sin productividad y la economía cae, el país retrocede y todos los años de sacrificio se van al tacho por culpa de los burócratas e ineficientes funcionarios del estado, especialmente de nuestros congresistas, los que ha estas alturas no han aportado absolutamente en nada a la reconstrucción del país asolado por la catástrofe implacable.

Seguramente usted donó ropa, alimentos, dinero para este fin.
Ha visto o ha escuchado algún parlamentario proponer alguna medida concreta para paliar el desastre?

Yo a ninguno.

Ha visto o ha escuchado si alguno de nuestros agraciados parlamentarios ha ofrecido parte de su sueldo en beneficio de los desamparados?

Yo ha ninguno.

Ha visto al congreso nacional organizando un bingo o "vaca" para ir en ayuda de los más necesitados.

Yo tampoco

Concordará conmigo entonces que esta casta no tiene vergüenza ni moral.

A pocas horas de instalado el nuevo gobierno, parlamentarios contrarios denunciaban la supuesta inoperancia del nuevo gobierno para actuar frente al debacle!

Una vergüenza.

El país destruido y en el suelo, con cientos de muertos y desaparecido, huérfanos, heridos, niños asustados, hambrientos, perdidos y ellos, los elegidos para cuidar y proteger al pueblo, no tienen un décimo de moral ni vergüenza para callarse y acompañar en el duelo a los caídos.

Una vergüenza para el país.
Mas encima les seguimos pagando sueldos millonarios.

Una buena razón para deshacernos de esta lacra inútil pronto, lo antes posible.

Muchos dirán que eso es imposible.

Que el sistema, que los poderes fácticos, que los cambios radicales no son buenos, que hay que dejar que las cosas las hagan otros.

"Si me la juego por un nuevo proyecto como este, corro peligro. No vaya a ser que me identifiquen y me apunten con el dedo tildándome de terrorista y pierda mi trabajo y mis relaciones comerciales y tenga que depender de la caridad humana para sobrevivir o irme del país para no vivir el escarnio social y mi familia se vea mancillada por mi costumbre de tratar de cambiar las cosas establecidas"

Una locura mayúscula!

Infantil!

Demasiado radical!

No es digno del primer análisis!

Aunque lo propusieran, nadie lo aprobaría!

Esto concluí que pensarían calladamente sobre el nuevo sistema, aunque dijeran que lo apoyarían, la mayoría de la gente tras una larga conversación con su grupo de amigos.

Está por verse.

Un Presidente de una gran compañía de computación, dijo públicamente en la era de los ochenta, que los computadores personales no tenían futuro.

Se equivocó medio a medio y casi llevo a la quiebra a esta centenaria y poderosa organización administrada por anquilosados cerebros en proceso de envejecimiento.

Estaba en ciernes una idea revolucionaria de un cerebro joven, ambicioso y le hizo tragarse sus palabras a los pocos años. ¿Que había pasado?

El mundo cambió y el cerebro envejecido del poderoso presidente de la antigua compañía no se anticipó a los cambios y no vio o no quiso ver el futuro de la tecnología en toda su dimensión. Lo mismo podría pasar con esta nueva y revolucionaria idea de votación electrónica.

Lo mismo con muchas ideas nuevas y creativas. No me cabe duda que cuando los romanos inventaron el clavo, debe de haber quedado la embarrada, y significo que todo el sistema de construcción de la época se tuvo que re pensar. Sin embargo y pese a la resistencia inicial para usar clavos de fierro forjado en vez de los de madera y bronce al cual estaban acostumbrados, finalmente se impuso la mejor solución y que hasta el día de hoy se ocupa masivamente miles de años después.

El inventor del vidrio fue con el rey y le presentó una hermosa copa de vino, El rey impresionado preguntó para que servía y el inventor contestó que como era transparente, le serviría para ver el veneno en el fondo de la copa en caso de que alguien intentara asesinarlo. El rey callo un largo rato mientras pensaba para si que con ese nuevo invento otro podría ver el veneno que el pondría para eliminarlo y ordenó a viva voz costarle la cabeza a ese enfermizo inventor.

Así la invención del vidrio estuvo en las sombras durante siglos.

No podemos coartar el futuro condenando iniciativas innovadoras que complican los intereses de unos pocos.

CONCLUSION

No importa lo que se piense sobre el resultado o factibilidad de cambiar el sistema de elecciones de parlamentarios por uno electrónico como el que estoy proponiendo, lo importante es que en el fondo las cifras no mienten:

Menos del 2 % de la población tiene la potestad de influir a través de obsoletas ideologías la mente y la vida diaria del 98% de los chilenos restantes y peor aún ese sistema al que pertenecen y protege este escaso 2% está a punto de colapsar.

El sistema de elección electrónico por proyectos y méritos que propongo invita a participar al 98% de los chilenos, libre, secreta, segura y democráticamente para elegir congresistas apolíticos que al ser seleccionados vía digital por sus méritos demostrarán que les interesa la política ciudadana y pasarán a conformar menos del 2% de gente que fue mandatada para hacer cosas reales por su comunidad.

Cosas reales , cosas útiles.

No hay otro argumento más definitivo y quien cuestione esto, probablemente pertenece aún a esa inútil casta del menos dos.

Estadísticas Congreso

El Congreso Nacional de Chile fue fundado el 4 de Julio de 1811.
Primer Congreso Nacional de Chile es uno de los más antiguos de América. La gestación de este Primer Congreso provino directamente de la Primera Junta de Gobierno, instalada el 18 de septiembre de 1810, que al mes siguiente aprobó el Proyecto de Reglamento para efectuar una elección de Diputados , la que se realizó en las ciudades del reino. Como resultado de aquel acto se eligieron 36 diputados propietarios y 36 suplentes, todos representantes de sus respectivas villas y pueblos. Al depositar la Junta de Gobierno en el nuevo Congreso el mando supremo de la nación, aquel 4 de julio, éste pasó a ser autoridad constituyente.

Su principal misión es ejercer la representación de la ciudadanía, concurrir a la formación de las leyes, junto con el presidente de la República y fiscalizar las acciones de gobierno.

Está compuesto por 120 Diputados y 38 Senadores.

Para que se hagan una idea de la "penetración" que tiene el producto "política" en la mente de los chilenos sepan que desde el año 1941 al año 2014 el pueblo chileno a elegido a tan solo 1 175 diputados (muuuchos repetidos), eso da un promedio de 15,7 diputados por año, poco mas de un diputado por mes..no será mucho? Cuantas leyes han generado estos 1175 personajes públicos en 73 años también podríamos preguntar cuantos beneficios han generado estos mil y tantos servidores públicos?. Me atrevería a asegurar que no debe ser equivalente a la cantidad de personajes y su estadía en el congreso. Si tan solo uno por uno hubiese realizado una sola ley en su periodo de ejercicio deberían haberse creado durante esos 73 años al menos 1.175 nuevas leyes.. difícil hacer un conteo exacto por lo que mi sentido común y el suyo también debe estar concluyendo que algo no encaja una vez más.

Evolución Joven Senador

A estas alturas nuestro nuevo y joven Senador Digital ya está instalado en el Congreso evaluando proyectos de leyes del gobernante de turno y tratando de sacar adelante los propios.

Por otro lado la ciudadanía esta más tranquila debido a que confían en que esta nueva generación de políticos no se asemejan en nada al enjambre de inútiles que había antes y ahora las cosas se están notando.

Cada nueva ley funciona y cada nuevo proyecto se lleva a cabo sin grandes aspavientos ni grandezas y lo que es más notable es que cada nuevo Senador Digital trabaja codo a codo y en equipo no solo con sus colegas del Congreso sino que con todas las autoridades en general. Buen pronóstico para el futuro.

FINAL POLITICAMENTE INCORRECTO

Como este libro de análisis no tiene un final feliz o infeliz me he tomado la libertad de reproducir en estas páginas finales algunas noticias sobre nuestros honorables aparecidos en la prensa poco después del inicio del período legislativo 2010-2014.

He aquí sabrosas incoherencias que dan prueba de la solidez y madurez mental y síquica de los nuevos honorables 2010.

Noticia del El Mercurio publicada el domingo 3 de abril 2010:

A dos semanas de iniciar el trabajo legislativo:
Diputados debutantes enjuician a sus pares y a la Cámara Baja

Debates poco serios, y falta de eficiencia y respeto son algunos de los aspectos que han llamado negativamente su atención. Rescatan el "buen ambiente" entre los diputados nuevos y la "fraternidad" entre oposición y oficialismo fuera de la Sala.

JAVIERA GONZÁLEZ
Están listos para ayudar. Hace dos semanas, los funcionarios del Congreso se paseaban por los pasillos con una nueva misión: oficiar de guías del gran edificio. Pero para los propios diputados.
Se valen de un "torpedo" especial: fotografías de los 42 parlamentarios que llegaron por primera vez al hemiciclo el pasado 11 de marzo. Retratos en mano, apenas identifican a un nuevo legislador deambulando, lo guían rápidamente. Hacia el baño, las oficinas, el comedor.... Algunos, incluso, lo acompañan hasta su destino.
Con sólo seis sesiones en Sala y una primera semana distrital, a los diputados recién asumidos todavía les cuesta ubicarse en un recinto al que asemejan a un laberinto o un internado.
Es el primer rasgo que los distingue de sus pares más antiguos. Mientras los reelectos saben dónde dirigirse y cómo funciona el sistema, el resto todavía "pisa sobre huevos", dice el diputado Pepe Auth (PPD).

El eje nuevos-antiguos
Las dos semanas inaugurales han sido ajetreadas para los debutantes del Parlamento 2010-2014. No sólo asumieron tras un cambio de gobierno histórico y presenciaron el regreso del Partido Comunista al Congreso tras 36 años. También tuvieron una inusual ceremonia de juramento, marcada por tres réplicas sísmicas y una alerta de maremoto.
Ya votaron el primer proyecto del Gobierno, el bono marzo, y tuvieron dos sesiones especiales a las que fueron citados algunos ministros para explicar el plan de reconstrucción. "Es como entrar a la universidad de nuevo", cuenta el independiente Miodrag Marinovic.

Pero al nuevo aprendizaje se suman roces con sus pares. "Los antiguos hacen sentir su superioridad en la conformación de comisiones, repartición de oficinas y estacionamientos. En estas semanas ha primado más el eje nuevo-antiguo que el de derecha-izquierda", dice Pepe Auth.

El RN José Manuel Edwards, quien fue bautizado como Pedro Carcuro por su pelo colorín, refuerza la diferencia entre los bandos. "Pensamos hacer una bancada de los nuevos para proponer cambios en las reglas del juego", señala.

Los diputados Matías Walker (DC) y Ernesto Silva (UDI) comparten la idea. Mientras Walker confirma la existencia de conversaciones "para establecer propuestas que logren una mayor eficiencia legislativa", Silva remarca su intención de "perfeccionar la manera de hacer política en el Congreso".

En tanto, Fuad Chahín (DC) relata una actitud de sus colegas que llamó su atención. "Los antiguos estaban extrañados porque algunos de los nuevos leían y estudiaban los proyectos. '¿Para qué? ¡Si esto ya fue discutido en la comisión! Ahora hay sólo que votarlo', nos decían. Les sorprendió que fuéramos más mateos".

Críticas al sistema

Cuando postularon al Parlamento sabían cómo era el trabajo legislativo, pero no dejaron de sorprenderse una vez que asumieron en pleno sus funciones. Falta de respeto, poca seriedad y falta de eficiencia son algunas de las críticas que hacen. "Lo más dramático ha sido acostumbrarme a que no te escuchen cuando hablas en la Sala. Yo, cuando fui presidente de partido, se hacía un silencio para escucharme, pero aquí eso no existe. La gente sale, mira el diario. Es fuerte", confiesa Auth.

Silva coincide: "El trabajo es desordenado, y es difícil perfeccionar la seriedad con que el Parlamento escucha cuando no hay muchos diputados presentes".

En tanto, Matías Walker apunta a la falta de eficiencia. "Todavía no me dan un buen argumento de por qué no podemos sesionar también los lunes. Me parece ineficiente perder un día de trabajo", dice. Y el PS Juan Luis Castro agrega: "Hay muchos tiempos de ocio entre las sesiones y las comisiones".

Sobre la calidad del debate, Edwards señala: "Llama la atención la discusión poco seria. No se discute lo que se está tratando y es difícil llevar un debate más profesional". El PC Guillermo Teillier concuerda: "El debate parece más para la galería que para tener efecto en las leyes".

En esa línea, la diputada UDI María José Hoffman agrega: "Impresiona la falta de seriedad de algunos y la contundencia de otros". En tanto, su compañera de bancada, Andrea Molina, señala: "Uno viene entrando; entonces, no sé si acostumbrarme al ritmo o generar cambios para agilizar la gestión".

El tiempo de las discusiones es otro punto que llamó la atención de los debutantes. Castro las califica como "interminables", y Chahín como "reiterativas". "Es como si algunos tuvieran una meta autoimpuesta de hablar en todas las sesiones, sin importar lo que digan", dice el DC.

"Los antiguos hacen sentir su superioridad en la conformación de comisiones, repartición de oficinas y estacionamientos. Ha primado más el eje nuevo-antiguo que el de derecha-izquierda".**PEPE AUTH** DIPUTADO PPD"El trabajo es desordenado, y es difícil perfeccionar la seriedad con que el Parlamento escucha cuando no hay muchos diputados presentes".**ERNESTO SILVA** DIPUTADO UDI"Todavía no me dan un buen argumento de por qué no podemos sesionar también los lunes. Me parece ineficienteperder un día de trabajo".**MATÍAS WALKER** DIPUTADO DC"Llama la atención la discusión poco seria en las sesiones. No se discute lo que se está tratando y es difícil llevar un debate más profesional. Eso es algo que tiene que mejorar".**JOSÉ MANUEL EDWARDS** DIPUTADO RN

Lo positivo de las primeras semanas en el Congreso
Lejos de las críticas, los parlamentarios debutantes también destacan algunos aspectos positivos del trabajo en el Cámara Baja. Buena relación con sus compañeros de bancada, ambiente distendido y el trabajo distrital son algunos de los factores que se repiten.
Para el diputado DC Fuad Chahín, uno de los aspectos destacados es "la buena relación con los diputados jóvenes, independiente de la bancada. Hay un buen ambiente", sentencia el parlamentario.
El ex presidente del Colegio Médico, el PS Juan Luis Castro, destaca que pese a los roces que se dan en la discusión legislativa, hay fraternidad fuera de la Sala. "Hay un punto de vista humano entre oposición y oficialismo, se separa bien el debate político de la fraternidad", apunta.
El ex presidente del PPD, el diputado Pepe Auth, rescata un nuevo aspecto: la belleza de algunas de sus compañeras. "Lo más destacado es el desfile espectacular de la vestimenta diaria de Andrea Molina, que para mí lejos es la más bonita", comenta.
Juan Luis Castro coincide con su par PPD, y junto con dedicar piropos a la diputada por Quillota, destaca la elegancia de Mónica Zalaquett (UDI) y de la presidenta de la Cámara, Alejandra Sepúlveda (PRI). "Ellas le dan un toque de simpatía a la Cámara", señala.
Para la diputada UDI María José Hoffman, una de las cosas "buenas" de ser parlamentaria es poder "estar en terreno" durante la semana distrital. Además, destaca la buena acogida que ha recibido por parte de su bancada, la más numerosa de la Cámara. "Los diputados Patricio Melero y José Antonio Kast me han cuidado mucho. Son súper caballeros", dice.
Mientras, Guillermo Teillier destaca que en el Congreso les entreguen la posibilidad de contratar asesores legislativos y expertos para apoyar el trabajo legislativo.
Diputados debutantes

El auto perdido
El PS Juan Luis Castro extravió su auto en el estacionamiento del Congreso. "Entré por un acceso y salí por otro; entonces, no tenía idea dónde estaba mi auto.

Tuve que pedir ayuda a los choferes de diputados más antiguos, que conocen todos los recovecos", relata. Tras una intensa búsqueda, dio con su vehículo.

Cruzar al Senado
El DC Matías Walker, hermano de los senadores Ignacio y Patricio, fue otro que deambuló por los pasillos del Parlamento sin encontrar su destino. "Me costó mucho saber por dónde se atravesaba de la Cámara de Diputados al Senado. Quería cruzar para ir a ver las oficinas de mis hermanos, pero me perdí", cuenta entre risas.

El pantalón roto
Fuad Chahín (DC) se considera un hombre "con suerte" luego del traspié que sufrió. "Cuando me subía al auto para irme, se me rajó el pantalón completo, porque aumenté un poco de peso en la campaña. Menos mal que la sesión había terminado, si no, hubiese quedado con la ropa interior al aire frente a mis compañeros".

El auto nuevo
El PC Guillermo Teillier tuvo que comprarse un auto, pero no sabe qué hará con éste cuando termine su período. "Probablemente quede para el partido", adelanta. Como varios debutantes, también tuvo que preocuparse "por la pinta". "No soy de andar con ternos Armani y zapatos de cocodrilo, pero con un par de ternos chilenos basta", dice

Noticia aparecida el 12 de Septiembre 2011

Las reveladoras cifras de la crisis de representatividad de los parlamentarios

Por : Juan Pablo Figueroa y Pedro Ramírez en Reportajes de investigación CIPER

CIPER cruzó las estadísticas poblacionales del INE y el registro del Servel para dimensionar la falta de representatividad del sistema político y electoral. El análisis arrojó que 5,5 millones de personas prefirieron no votar por un candidato en las últimas elecciones de diputados, lo que representa el 45,68% de los chilenos mayores de 18 años. En los distritos más populosos el porcentaje de compatriotas que opta por no elegir parlamentarios se empina hasta un dramático 70%. Hay diputados que sólo representan al 7% u 8% del total de mayores de edad que residen en sus distritos.

Elizabeth Oliva (40 años) es auxiliar paramédico de odontología, vive en Pudahuel, es casada y tiene un hijo. Nunca se inscribió en los registros electorales y jamás ha puesto una raya junto al nombre de un candidato en una papeleta. Ella es parte de los 5,5 millones de chilenos que en la última elección parlamentaria, de acuerdo con la investigación desarrollada por CIPER, optaron por no elegir un representante al Congreso. Pero no se engañe, Elizabeth Oliva tiene opinión política. Una opinión crítica y preñada de descontento, especialmente con el manejo económico de las cúpulas gobernantes:

-Los políticos se preocupan más de los indigentes y no de la clase media. Nos tienen descuidados. Y esto viene de años, ya que ningún gobierno ha establecido reformas para corregir las desigualdades -dice Elizabeth, quien cuenta que le quedan nueve años para saldar su préstamo hipotecario, por el que paga $ 58 mil mensuales, que debe $700 mil a una caja de compensación y otros $600 mil en multitiendas.

Admite que la única vez que sintió deseos de votar fue en la última presidencial: "Quise participar en el cambio del gobierno de la Concertación al de la derecha. Pero el cambio prometido no ha sido tan así, porque lo que se prometió no se cumplió".

Elizabeth Oliva no es anarquista ni bolchevique. Ni ecologista ni hippie. Tampoco ha salido a marchar con los estudiantes. Es una mujer de clase media, con estudios, empleada y endeudada, como la mayoría de los chilenos que han decidido permanecer al margen del sistema político y electoral. Un grupo que de continuar la tendencia actual, será mayoritario al cabo de unos diez años. Hoy, según la investigación de CIPER, suman el 45,68% de los chilenos mayores de 18 años. En 1988 eran sólo el 17,9%, pero subieron a 29,1% en 1999 y a 38,5% en 2005. De continuar la tendencia y si no hay reformas que impulsen la participación electoral, al 2021 superarán con comodidad el 50%.

Errázuriz, Platovsky y los estudiantes

-Los partidos no tienen conexión con el ciudadano y está agotado el sistema (político) que tenemos. Es muy bueno que se analice el cambio del sistema binominal y la renovación de los políticos, porque en 20 años hemos creado una casta. De senador pasan a ministro y luego volverán a ser senador o presidente de partido (…). La población se ha dado cuenta de que estos señores que son profesionales de la política no los representan.

Estas palabras, que retratan con acierto a quienes comparten la posición de Elizabeth Oliva, resonaron en un salón universitario sólo un día después de la marcha del 9 de agosto que congregó a más de 100 mil manifestantes. Pero no las pronunció un dirigente estudiantil ante una asamblea. Fueron dichas en las aulas de la conservadora Universidad Finis Terrae. Para mayor precisión, en el encuentro mensual del Club Monetario de esa casa de estudios. Y su autor fue nada menos que el principal "gurú" de los inversionistas chilenos, el hombre cuyas decisiones iluminan el mercado y señalan el camino a quienes buscan el lucro: Jorge Errázuriz Grez, presidente de Celfin Corredores de Bolsa y miembro del consejo directivo del Centro de Estudios Públicos (CEP).

El "hombre fuerte" del mercado chileno debía hablar sobre los riesgos de la crisis económica internacional, pero -según la versión de La Segunda- sacudió a la audiencia indicando que los problemas de Chile no están en las ruedas bursátiles: "Están en la calle y son mucho más serios (…). El interlocutor del gobierno no es la oposición, sino dirigentes estudiantiles. Y la democracia republicana que tenemos, no sabe cómo reaccionar".

En esos días el gobierno se esforzaba por radicar el quemante conflicto estudiantil en el Congreso Nacional y los presidentes de las dos cámaras legislativas se apuraban a ofrecer el Parlamento para albergar las negociaciones. La respuesta de los jóvenes fue un "no" rotundo. Entre las razones que esgrimieron, señalaron que el Congreso ya no es representativo de la sociedad chilena y que sus integrantes surgen de un sistema electoral excluyente.

Si ya resultaba curiosa la sintonía de Errázuriz y los líderes estudiantiles en sus diagnósticos sobre el agotamiento del sistema político y electoral, se les sumó el empresario Daniel Platovsky, amigo del Presidente Sebastián Piñera y militante de Renovación Nacional:

-El que se exija más calidad en la educación demuestra que tenemos una ciudadanía ilustrada, que se da cuenta de que no hay igualdad de oportunidades (…). Al inicio de la transición se produjo un acuerdo de actores políticos, que le dio estabilidad al país (…). Hoy la realidad es diametralmente distinta, por lo que la gente exige un nuevo pacto social, donde todos se sientan integrados –dijo en La Tercera del 22 de agosto.

¿Cuán divorciado está el sistema político de las demandas de la ciudadanía? ¿Cuán profunda es la falta de representatividad del Congreso Nacional? CIPER intentó responder estas preguntas y revisó, distrito por distrito, los resultados de la última elección de diputados, comparando el número de chilenos que dieron su voto a un candidato y la cifra de compatriotas que optó por no elegir representante. Las conclusiones son decidoras (vea la representatividad real de los parlamentarios de su distrito).

¿Jubilados o estudiantes?
El 45,68% del universo total de chilenos mayores de 18 años prefirió no elegir un candidato a diputado en las votaciones de 2009. Sólo el 54,32 % de la población que cumple con el requisito de ser mayor de edad efectivamente eligió un postulante. Y apenas el 32,54% de todos los mayores de 18 años está representado en el Congreso por el candidato al que le dio su voto. Más alarmante aún es que en el hemiciclo hay diputados que se sientan en sus escaños aunque sólo obtuvieron el respaldo del 7 u 8 por ciento del total de mayores de edad que residen en sus distritos.

La falta de representatividad se agrava en los distritos más populosos, como lo son San Bernardo-Buin, Maipú-Estación Central y La Pintana-Puente Alto (vea los cuadros de representatividad distrito por distrito y a nivel nacional).

Los especialistas en materia electoral señalan que en Chile cerca del 60% de las personas con derecho a voto están inscritas en el registro electoral. Un porcentaje aceptable en comparación a otras democracias consolidadas, tales como Alemania (64,6%) y Reino Unido (61%). Y francamente superior al de Francia (43%) y Estados Unidos (38,46%). No obstante, la representatividad del sistema político chileno es bastante más baja de lo que indican estas cifras. En primer lugar, porque hay más de 1,6 millón de chilenos que estando inscrito, no vota o lo hace en blanco o nulo. Y en segundo término, porque a diferencia de lo que ocurre en sistemas como los de Francia y Estados Unidos, donde el padrón es bajo pero representa equitativamente los diversos grupos sociales, en Chile el registro electoral no es una "foto" fiel de la ciudadanía: es más "viejo" que el país real.

Así se dio la paradoja de que en la elección presidencial de 2005 el principal tema de campaña de los candidatos Bachelet, Piñera y Lavín fue la reforma al sistema de pensiones, pero a tres meses de iniciado el nuevo gobierno se produjo una revuelta estudiantil que puso en agenda un tema que nunca estuvo en los cálculos de las cúpulas -la reforma educacional- y que cinco años después sigue siendo el mayor foco de conflicto social.

Los que no eligen: 5,5 millones

Las multitudinarias marchas de las últimas semanas han dejado en evidencia que existe un amplio grupo de chilenos interesados en las políticas públicas, pero que no están inscritos en los registros electorales, no votan ni se sienten representados en el Parlamento. De hecho, el Presidente Piñera sorprendió al mundo político este martes 6 al anunciar que su gobierno está estudiando una reforma al sistema electoral: "Llegó el momento de reaccionar y no simplemente quedarnos indiferentes ante estos signos y gritos que la ciudadanía está dando, con mucha fuerza y claridad".

Un día antes se había conocido la encuesta Adimark, uno de los oráculos más esperados por los políticos, que indicó que el 66% de los consultados desaprueba al bloque oficialista, el 71% a la Concertación, el 64 % a la Cámara de Diputados, el 69% al Senado, y el 68% al Presidente Piñera y el 70% al gobierno. La representatividad del sistema político está en crisis y el director de Adimark, Roberto Méndez, tras conocer las cifras de la investigación de CIPER, señaló que "con los datos que ustedes plantean queda claro que el sistema se agotó" (vea la entrevista a Méndez).

CIPER tomó las proyecciones de población para el 2009 hechas por el Instituto Nacional de Estadísticas (INE) en cada comuna del país y las cruzó con las cifras de la elección parlamentaria de ese mismo año consignadas por el Servicio Electoral (Servel). La investigación arrojó una extensa base de datos que indica que en 2009 había 12.180.403 chilenos que cumplían con el requisito que exige la ley para votar: ser mayor de 18 años. De ellos, más de 5,5 millones prefirieron no votar por un candidato en la elección de diputados de 2009.

En los registros electorales hay 8.285.186 inscritos. Es decir, cerca de 3,9 millones de chilenos no lo están. A éstos últimos, en la elección de diputados de 2009 se sumaron 1.021.649 personas que no concurrieron a votar, aunque estaban inscritas. Y se les agregaron también aquellos que fueron a sufragar, pero no

manifestaron preferencia por alguno de los candidatos, es decir, los que votaron nulo o blanco (442.161 y 205.520, respectivamente).
En total, en la última elección de diputados, 5.564.547 chilenos no marcaron una preferencia para elegir un representante en el Parlamento. En contraste, sí votaron por una de las candidaturas en competencia un total de 6.615.856 personas (54,32% de todos los mayores de 18 años).
Los ciudadanos que votaron por un postulante que resultó electo y que son los únicos que con toda propiedad pueden sentirse representados en el Congreso Nacional, sumaron 3.963.651 electores, que corresponden sólo a un 32,54% del total de chilenos mayores de 18 años.
La subrepresentación se agrava en los distritos más populosos. En La Pintana-Puente Alto, por ejemplo, había 649.010 mayores de 18 años en 2009, pero los que no votaron por un candidato alcanzaron al 71,56% de esa cifra. Aunque el Servicio Electoral informa que los diputados Osvaldo Andrade (PS) y Leopoldo Pérez (RN) fueron electos con un 26,34% y 21,71% de los sufragios, esos porcentajes se diluyen si se comparan con la población total de mayores de edad del distrito: la votación que obtuvo Andrade sólo representa el 8,5% de ese universo y la de Pérez, el 7,1%.
En San Bernardo-Buin, los que no votaron por un postulante suman el 64,99% de los 319.120 mayores de edad que hay en el distrito. Ahí los diputados Ramón Farías (PPD) y José Antonio Kast (UDI), representan el 9,19% y el 16,74%, respectivamente, de la población total que podría votar.
Y en Maipú-Estación Central, los que optaron por no elegir representante en el Parlamento alcanzan al 64,8% de los 686.395 mayores de edad que residen en el distrito. En esa zona, los votos que obtuvo el diputado Pepe Auth (PPD) corresponden al 7,28% del total de los mayores de edad y los que consiguió la diputada Mónica Zalaquett (UDI) suman el 8,18% de ese mismo universo.
El perfil de los desencantados
Diversos son los estudios que demuestran que el padrón electoral chileno está envejeciendo. En 1988 los inscritos que tenían entre 18 y 29 años correspondían al 36% de los votantes, constituyendo el grupo etáreo con mayor representación. Hoy sólo conforman el 8,1% del padrón.
En contrapartida, el grupo de "70 años y más" representaba el 5,4% del total de inscritos en 1988, pero ahora se empina sobre el 11,8%. Las estadísticas indican que hace 15 años el 50% de los inscritos tenían menos de 40 años y ahora sólo un 27% corresponde a ese rango de edad.
Circunscribir el fenómeno de los no votantes a una caricatura de jóvenes rebeldes y anarquistas o personas sin educación, es un grave error. Entre quienes hoy optan por no elegir a las autoridades, va aumentando paulatinamente el perfil de personas que superan los 30 años de edad, de clase media, con mayor escolaridad. Son jefes de familia, empleados, endeudados y críticos de un sistema electoral que no genera incertidumbre sobre sus resultados, pues dicen que siempre ganan los mismos -Concertación o Alianza-, sectores con los que no se sienten representados.
Con dos hijos y separada, Paulina Parada (36 años) es una jefa de hogar de Cerro Navia, trabaja en una carnicería, tiene deudas por $600 mil en ABC y Líder. No está inscrita y dice que los políticos la decepcionaron: "Yo me separé y estaba

súper mal. Un político me prometió una mediagua si me inscribía en los registros electorales. Eran puras mentiras". La única vez que tuvo ganas de votar, cuenta, fue en la elección presidencial de 2005. "Sentía simpatía por la Bachelet y por ella habría votado".

José Pérez (44 años) es un desencantado. Se inscribió en 1988, pero después dejó de votar. Trabaja en la construcción, vive en La Florida, es casado, tiene dos hijos y está endeudado por los estudios universitarios de su hija mayor: "Ya no voto porque me decepcionó la política. Está muy lejos de la gente. Mira lo que ocurre con los estudiantes. Y la gente de clase media es la que más se da cuenta de esto, porque ha estudiado más. A las clases populares les cuesta comprender eso. Solamente voté para el Sí y el No. Ahora no me motiva ninguno de los sectores".

"Si no estás en el padrón, no existes"

En el distrito N° 20, donde Mónica Zalaquett (UDI) compitió para representar a las comunas de Cerrillos, Estación Central y Maipú, en 2009 sólo votó por algunas de las listas el 35,18% de todos los mayores de 18 años. Ella obtuvo el 20,99% de los votos, lo que equivale a una representación efectiva en la Cámara de sólo un 8,19%. Si se suma el porcentaje que obtuvo el diputado Pepe Auth (PPD), entre los dos hacen un 15,47%: ese es el porcentaje de chilenos de ese distrito que tiene representación en el Parlamento.

Zalaquett recibió a CIPER en su oficina del Congreso. Allí tiene una vista privilegiada al puerto de Valparaíso, una foto de su hermano Pablo y otra de Jaime Guzmán. De entrada, aseguró que está conciente de la falta de representatividad en el Parlamento. Calculó que tres de cada diez personas votan. Según ella, fue precisamente por eso que compitió.

Después de ver las cifras del estudio de CIPER, Zalaquett dijo que la representatividad debe medirse en relación a la masa votante y no a la población mayor de 18 años. A su juicio, sólo habría que considerar a los que están inscritos y cumplen con su deber cívico: "Muchos alegan por sus derechos, pero no están conscientes de sus deberes".

Mientras hablaba recibió un llamado. Dijo que debía bajar a votar y que al rato seguiría con la entrevista. La diputada bajó a votar el proyecto sobre el plebiscito que exigen los estudiantes. Antes de que esa propuesta se rechazara por 52 votos contra 48, el diputado Edmundo Eluchans, del mismo partido de Zalaquett, argumentó que los plebiscitos no correspondían porque el país tiene representación en el Congreso para esos temas. Tras la votación, el presidente de la Cámara, Patricio Melero, también UDI, dijo: "Este mayoritario rechazo deja en evidencia que la democracia representativa y la aprobación de distintos proyectos de ley son los caminos por los cuales se deben generar las modificaciones al sistema educacional".

Zalaquett volvió a su oficina. Uno de los votos en contra del plebiscito fue el suyo. Consultada por qué se sumó a su partido bajo el argumento de que la representación política está en el Congreso, si recién había reconocido que había una crisis de representatividad en el Parlamento, respondió que aunque la poca participación electoral podría poner en peligro la democracia, el Congreso es la institución representativa del país. Y soltó una máxima dramática: "Si se quiere plebiscitar todo, que se acabe con el Congreso, pero mientras yo esté aquí no lo voy a permitir".

El diputado Leopoldo Pérez (RN) revisó las cifras del estudio de CIPER y reconoció que su representación es bajísima: 7,01% de los mayores de edad que hay en La Pintana-Puente Alto:

-Claro que es bajo, pero esas son las reglas del juego. Por eso no creo que exista una crisis de representatividad. Guste o no, es el sistema que hay (...). La única forma de manifestarse es dentro del sistema. Si no estás dentro, no existes, no eres un voto. Si no estás en el padrón, no cuentas.

Uno de los chilenos que a juicio de Pérez no cuenta es Marcelo Arriagada (34 años), quien trabaja en Saxoline, vive en Santiago, estudia Administración de Empresas en la Universidad de las Américas y tiene una deuda por un año de estudios que cursó en la Universidad de Chile. Nunca se inscribió y para él, todos los parlamentarios tampoco cuentan: "Para mí, la política es un montón de tipos sentados en el Senado haciendo nada. Las revueltas sociales son reflejo del malestar popular".

El diputado Pérez intenta explicar la baja participación electoral de su distrito con dos argumentos: que los jóvenes de esas comunas tienen poco interés en los temas públicos, ya que el 40% provienen de hogares vulnerables carentes de uno de los jefes del hogar; y que su distrito se ha poblado con erradicaciones de familias que vienen de otras comunas, por lo que sus habitantes votan en sus lugares de origen.

La reforma en el clóset

Pepe Auth (PPD), diputado por Maipú al igual que Mónica Zalaquett, representa al 7,28% de los mayores de 18 años de su distrito. Pero a diferencia de sus colegas, sí cree que hay una profunda crisis en el sistema y la divide en dos áreas: participación y representación.

-La crisis de participación es porque el padrón ha ido envejeciendo y el país electoral cada vez se corresponde menos con el país real, que es más joven. Entonces, la oferta de los candidatos se centra en los temas que interesan a las personas de más edad -dice Auth, quien paradójicamente llegó exhausto a la cita con CIPER después de bailar en Estación Central con una centena de veteranas que celebraban haber pasado agosto.

"Y la crisis de representación se refleja en que lo que está en el Parlamento no representa a toda la sociedad. Y con cada elección que pasa, el Congreso representa a un sector menor", agrega.

A juicio de Auth, el principal escollo para mejorar la participación es el sistema electoral binominal: "El problema del binominal es doble. En primer lugar, la mayoría empata con la minoría y no puede generar cambios de fondo. Y el segundo problema es que excluye a todo aquel que no es de la primera o segunda mayoría. Uno puede constituir una fuerza del 20% o 25% y no existir. El binominal es un sistema proporcional distorsionado, porque proporciona entre los dos actores más fuertes y excluye al resto".

Para Auth, la corrección pasa, en primer lugar, porque se cumpla con la reforma constitucional aprobada en 2009 que ya consagró la inscripción automática de los mayores de edad y el voto voluntario, un cambio que no se ha concretado porque

el gobierno y los parlamentarios no han hecho las modificaciones a la ley orgánica que regula las votaciones:
-Cada día que pasa aumenta la deuda del sistema político con el país, porque la Constitución ya asegura el voto voluntario para todos los mayores de 18 años y alguien podría, incluso, acusar a las autoridades de notable abandono de deberes por negarle ese derecho constitucional- dice Auth.
De materializarse esa reforma, se ampliaría automáticamente el padrón a casi cuatro millones de nuevos electores. Y eso, dice Auth, aterroriza a algunos partidos y parlamentarios que temen perder sus escaños si hay más competencia: "Entre la derecha y una parte de la DC han bloqueado el cambio. El voto voluntario para millones de electores nuevos obligará a los candidatos a plantear temas de interés real para la gente, que pueden ser incómodos en algunos partidos. La próxima campaña podría enfrentar, por ejemplo, a los que están por el lucro y los que estamos en contra".

Libertad y Desarrollo, por el cambio

Pero, a pesar de lo que sostiene Auth, no toda la derecha se opone a los cambios. José Francisco García y Álvaro Bellolio, expertos del Instituto Libertad y Desarrollo, que presta asesoría legislativa a las bancadas oficialistas, trabajan actualmente en un texto con propuestas para activar la participación electoral, las que no excluyen eventuales cambios al binominal (vea la columna que ambos prepararon para CIPER).
Bellolio plantea que factores como la inscripción automática, voto voluntario, voto de chilenos en el extranjero y primarias reguladas por el Servel "podrían tener un impacto a corto plazo, al generar mayor representatividad y darle un aire fresco al padrón". Otra opción, dice, es el redistritaje y/o aumentar el número de parlamentarios.
Ambos indican que para hacer modificaciones al sistema electoral debe consensuarse primero, cuál es el objetivo: más gobernabilidad o más proporcionalidad. El binominal privilegia la gobernabilidad. "Si el diagnóstico es que nuestro sistema adolece de niveles de proporcionalidad que son atentatorios contra principios de igualdad básicos, podrían darse perfeccionamientos", dicen.
Uno de ellos podría ser asignar un número de diputados "a las coaliciones que obtengan más del 5%, 6% ó 7% de la votación a nivel nacional"
-El sistema binominal está empantanado porque se están reforzando sus atributos de gobernabilidad. Aquello que uno querría que tuviera un sistema electoral, que es una competencia muy robusta, está frenado. Y las directivas de los partidos estarían teniendo demasiado poder (para designar candidatos con el triunfo casi asegurado) cuando uno querría un sistema más competitivo -acota García.
El poder de los partidos, en contraposición al principio de representatividad, llega al extremo cuando se trata de reemplazar a un parlamentario. En esos casos las directivas eligen sencillamente "a dedo". A continuación, los tres casos que se han dado en la actual Cámara de Diputados, para que juzgué usted:
1. Gonzalo Uriarte fue designado senador en reemplazo de Evelyn Matthei, luego de que ésta asumiera como ministra del Trabajo, en enero de 2011. El cupo que dejó en la Cámara ahora lo ocupa el diputado Cristian Letelier, quien perdió con el

1,67% de los votos cuando en 2009 compitió en la Tercera Circunscripción Senatorial.
2. El diputado Alejandro García-Huidobro remplazó a principios de agosto a Andrés Chadwick en el Senado, luego de que éste asumiera la vocería del gobierno. García-Huidobro fue reemplazado en la Cámara por el historiador Issa Kort, ex seremi de Cultura de la VI Región. Kort nunca ha participado en una elección.
3. En abril de este año, el diputado Juan Lobos falleció en un accidente vehicular. En su reemplazo asumió a principios de mayo Joel Rosales. Éste último, al menos, había sido electo alcalde de Los Ángeles en 2008 con 33.739 votos.
(*) Esta investigación contó con la colaboración del estudiante en práctica Jorge Aliaga, y contempló sólo el universo de la Cámara de Diputados por ser esa entidad la que se renovó completamente en la última elección a nivel nacional.

También transcribo un ejemplo de las innumerables cartas que envié a cada partido político con el objeto de conocer el número de afiliados oficiales.

Estimados Señores
Renovación Nacional

Estoy realizando un estudio sobre el número de afiliados a partidos políticos y su influencia en la sociedad chilena. No he podido contar con el número oficial de afiliados por partidos (militantes inscritos activos) por lo que les agradeceré tengan a bien si es posible, proporcionarme vía este correo, esa información.

Atento a respuesta les saluda atte

Alejandro M. Riquelme Royo

Nunca recibí respuesta de ninguno de ellos.